HEUTIGE LYRIK

Virgil Diaconu
Die blaue Umarmung
Gedichte
Coverbild: **Sir Francis Bernard Dicksee** (1853-1928)
Romeo und Julia, Detail (Southhampton Art Gallery)
Herausgegeben und übersetzt von **Christian W. Schenk**
ISBN: 9798323060856
DIONYSOS – 2024 Boppard am Rhein
©Alle Rechte beim Verlag und den Autoren!

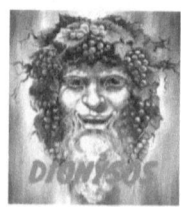

Virgil Diaconu

DIE BLAUE UMARMUNG

Gedichte

DIONYSOS

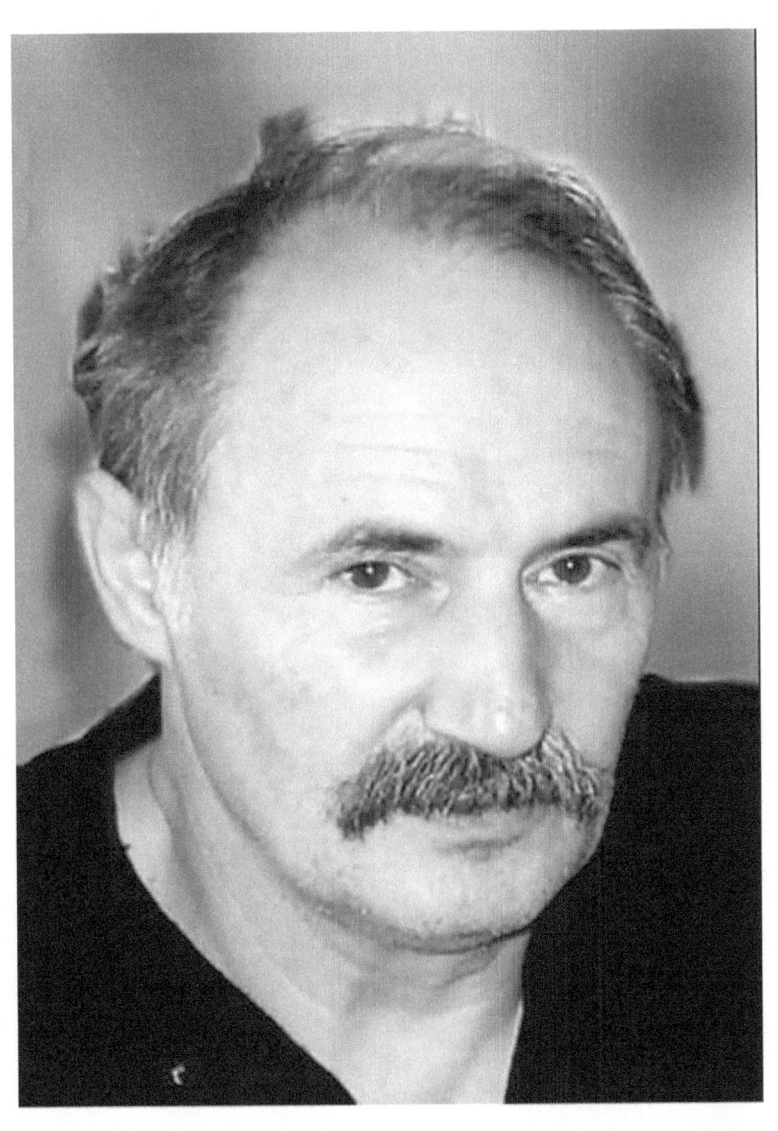

Virgil Diaconu

Vorwort

Der Dichter Virgil Diaconu bedient sich einer klaren und plastischen, fast prosaischen Sprache, die in reizvollem Gegensatz zum Inhalt oft steht, wo dem Autor eine souveräne Verquickung von Realität mit Metaphysik, Mythologie und Mystik, von Banalität mit Spiritualität gelingt. Seine lyrische Auseinandersetzung mit poetologischen Fragen, die immer wiederkehrende Verquickung von Natur, zarte Erotik und Metaphysik, die Einbindung des Irdischen in den Kosmos, die unveränderlichen Naturgesetzen folgt, bilden einen inhaltlichen Schwerpunkt dieser Gedichte.
Für Virgil Diaconu ist die Lyrik oberstes Gebot, und das Wort mit seinen vielen Valenzen die süße Qual auf der unendlichen Suche nach neuen Bildern und Wahrheiten. Seine Gedichte sind wie ein Beben unserer historischen Existenz, die die immerwährende Vielfalt des Humanismus mit neuen Attributen und Wahrheiten ergänzt. Die Gedichte sind gut ausgewogen, mit metaphysischen Akzenten versehen, um besser das Schicksal des Seins zu erfassen. Das Wesen des menschlichen Daseins verflochten mit der Liebe und Natur spielen eine zentrale Rolle: Ihre Prinzipien beherrschen nicht nur irdische und kosmische Gegebenheiten, sondern auch die Kunst und die Geschichte des Seins der humanen Natur. Das neue eigenständige ästhetische Profil die Virgil Diaconu der rumänischen Literatur wiedergibt, spiegelt sich in diesem Band in besonderer Weise. Auffallend darin ist die immer wiederkehrende Besinnung auf das Dasein des Schriftstellers, seine schöpferischen Nöte, sein Ringen um das adäquate

Wort. Die Metamorphose des Wortes, jenseits jeder Konnotation, bildet letztendlich und provoziert das in uns alle Unausgesprochenen. Die bittere Ironie durchläuft ein feinmaschiges Netz, was typisch für das moderne Gedicht ist. Er ist einer der Autoren, die wissen, dass für den Dichter die Beziehung zu den Dingen aus zwei wichtigen Komponenten besteht: die Entdeckung und der Abschied!
Wenn der Dichter über die Wortphantasmen sinnt, vergisst er keineswegs, dass das Gedicht, in seinem Kern, die tiefe Meditation über das Sein und das Seiende in der Welt ist. Seine Sprachfeinheiten führen in unweigerlich zu den großen Rumänischen Denker des 20. Jahrhunderts, wie Lucian Blaga[1], der eine bodenständige Philosophie entwickelt hat und unweigerlich zu den Religionswissenschaftler Mircea Eliade[2]. Der Dichter fühlt sich als ein Herrscher des Raums, obwohl sein glaube tief in der Zahlenlehre der Worte verwurzelt ist. Selten trifft man noch in der heutigen Lyrik die Sparsamkeit der laute, dass introvertierten und, trotz dem Titel des ‚Buches, die Zügelung der Emotionen wie in seiner Dichtung.
Virgil Diaconu setzt sich in schlichter, klarer Sprache mit den wichtigsten Themen des Lebens wie u.a. Liebe, Tod, Gesellschaft und metaphysischen Fragestellungen auseinander. Seine Gedichte bestechen dabei durch ihre klare Struktur und eine gut zugängliche Metaphorik, wodurch

---

[1] **Lucian Blaga**; * 9. Mai 1895 in Lancräm; † 6. Mai 1961 in Cluj, war ein rumänischer Philosoph, Journalist, Dichter, Übersetzer, Wissenschaftler und Diplomat. 1936 wurde er zum Mitglied der Rumänischen Akademie ernannt.

[2] **Mircea Eliade**; * 24. Februar-jul. / 9. März 1907greg. in Bukarest; † 22. April 1986 in Chicago, war ein rumänischer Religionswissenschaftler beziehungsweise Religionsphilosoph und Schriftsteller.

dem Leser das Eindringen in die von der rumänischen Gegenwart geprägte Vorstellungswelt ermöglicht und zum Genuss wird.

Seine Gedichte kreisen immer wieder zwischen Konkretem und Abstraktem, zwischen Sensualität und Spiritualität und dadurch wird er beiden Prinzipien gerecht. Auf formaler Ebene weisen die Gedichte eine besondere Originalität auf, oft aus syntaktisch ineinander verschachtelten, vielfach variabel einander zuzuordnenden Satzteilen. Die bestehenden Verse machen das Lesen zu einem spannenden, die eigene Vorstellungskraft herausfordernden Akt. Doch trotz ihrer Diversität haben sie einen Grundtenor gemeinsam: Alles reduziert sich auf eine einzige Dimension, Himmel und Erde werden eins. Die Gedichte gehen von der unmittelbaren Erfahrung des Lebens aus, doch der Autor ist bestrebt, ihnen noch einen anderen Sinn als den eines bloßen Dokuments der Existenz zu geben; nicht das Leben wird in die Literatur gebracht, sondern die Literatur ins Leben, wobei sie nicht nur mit dem Schönen konfrontiert wird, sondern auch mit allem Elend und den Ängsten und schließlich gezwungen ist, ebenso anmutig wie auch düster, hart und aggressiv zu werden!

Christian W. Schenk
Boppard, A.D. 2024

Die Kirschen Lolita

Die Kirschen Lolita übernahm die Macht im Königreich.
Sie zerstört mein Niederfallen des Tagsüber
und es gibt mir zu träumen für den Rest der Nacht,
für die Sternenwüste.
Ihre Busen legen in meine Arme die Unendlichkeit.

Selbstverständlich die Täuschung unter der Bluse geheim
Werden mich noch eine Weile am Leben halten.

Die Königin der Nacht, mein Sternengarten.

Sie liefert mir die neuen Illusionen Satz an die Tür:
Lange, Pfirsichbeine, die ihre Pfirsiche unter
den Kadaver der bisherigen Tage entfalten.

Siehe ein Strandurlaub mit Mondhellen ihres Körpers.

Die Kirschen Lolita übernahm die Macht im Königreich,
wie sie ihr Sternenkleid durch des Zimmers Nacht wirft.

Diese ist die Nacht in der ich den Mond
von deinen Schenkeln brechen werde!

Beachte: das Beil, meine Gebete sind zwischen
den Schenkeln umgezogen.

Die heimliche Frau

Ich logiere in einem Herzschlag.
Seitdem du mit der Spatzenwolke zu mir kamst,
wohne ich in einem unaufhaltsamen Herzschlag.
Seitdem du vergast deine Hände auf dem Schreibtisch
und die Beine zwischen den Bettlaken.

Die Libelle wäre sicherlich für den Nervenkitzel,
den du letzte Nacht hinterließt, zu wenig.

Ja, deine Anwesenheit macht alle Waffen überflüssig;
ich weckte sie um mich der Dunkelheit zu stellen.
Mit der Dunkelheit, die mich beherrschen möchte.

Siehst du, seitdem dein Lachen in mein Haus kam
zieht sich die Dunkelheit zurück.
Dein Lachen enthauptet den siebenköpfigen Drachen
der Einsamkeit. Und deine Beine überwerfen
alle meine Zukunftspläne, alle meine Siege
der mit Trommel und Trompeten auf mich warten.
Das Licht deiner Beine!

So umkreise ich die Welt, durch mein Zimmer. Ich halte
meine Fäuste geballt, die Libelle hat kein Entkommen.

Ich habe sogar dem Tag alle Fenster geschlossen,
aus Angst sollst nicht verschwinden. Wie es dem
auch sei, ich behalte dich im Auge,
pass auf was du machst!
Und komm schneller von den Kirschblüten herunter

wo ich seit mehreren Stunden auf dich warte;
vielleicht von Anfang an...
Steig ab, bevor ich die Löwen auf dich hetze.
Und komm nicht mehr zum Treff mit der Spatzenwolke!
Man dich an, wenn du mit der Wolke hinter dir kommst.
Alle Augen pirschen dich, wie auf die Jagd.
Siehst du, ich wollte das alles geheim bleibt.
Ich wollte, dass du eine heimliche Frau bleibst,
obwohl diese düselige Spatzen mit denen du
auf die Straße spazieren gegangen bist
haben von Anfang an in Land mit ihren
Klirren und Rasseln, dies kundgegeben,
und die Kirschblüte hat dein Lächeln öffentlich gemacht.
Das Lächeln, die Kirschblüte.

Hör auf zu kichern in meine Stube!
Sieh, dass du die Dunkelheit nicht aufweckst!

Dienstagsdepression

Plötzlich sah ich sie so,
wie einen Lichtschmetterling
am Fenster meiner Verzweiflung.

Sie kam wie ein Atemzug, dann wenn ich erstickte.

Ansonsten hält mich die Zeitung über
ihre nächtlichen Eskapaden auf dem Laufenden, über
den letzten Liebhaber, den sie in ihrem Hafen anlegte,
einfach so, um ihre Dienstagdepression zu erledigen
und um der Kälte draußen ein bisschen zu täuschen.

Selbstverständlich tue ich so, als wüsste ich nichts und,
dass ich den blauen Fleck am Hals nicht gesehen habe,
der schwarze Schmetterling ihres brennenden Fleisches.
Ich tue so, als hätte ich den schwarzen Schmetterling
nicht gesehen und verstecke die Zeitung die gerade auf
meinem Tisch liegt, als Beweis ihrer letzten Eroberung.

Sei ruhig, Geliebte, ich glaube nichts von dem
was die Zeitschriften über dich schreiben!
Ich neige nicht mein Ohr auf ihre Lügen,
ich vertraue dir!
Sowieso sind alle Journalisten Niederträchtig,
wenn es ihnen gelungen ist sich in deine Bettlaken
zu schleichen und alle deine Lektüren zählen...

Ohnehin, habe alle Männer aus deinem Leben verbannt,
Ich habe sie einzeln herausgenommen und das

nur mit der Kraft meiner Vorstellungskraft!
Siehst du, nicht umsonst ging mir die
Sutraslehre unter die Haut. Und nicht umsonst
habe ich die acht Wege Buddhas zur
Befreiung des Leidens losgebunden.
Es musste am Ende der Lehren und meiner
Reinkarnationen stehen, um dich zu finden!
Es musste sein, nachdem ich das Tor der Weisheit
in Benares, im Gazellen Hain geöffnet hatte
an in deine Schenkel zu knallen!
Ich musste, also, die Bedeutung der Wiedergeburten
meiner Zeitreisen herausfinden: deine Schenkel!
Glaubst wirklich, dass der schwarze Schmetterling wird
für mich noch im Gehirn tanzen? Denke was ich dir sage:
Diese Nacht werden wir in den Himmel aufsteigen. Deine
Umarmung wird Östrogen sein oder überhaupt nichts.

Rückberufung

Aus dem hängenden Garten seines Reichtums
schenkte mir diese fleischfressende Blume:
Geliebter, ich fand eine andere Seele. Ich ziehe um.
Und sie begann ihre Sachen zusammenzupacken
verstreut in mir:
die Kälte der Hände und die Flamme der ersten Nacht.
Und die furchtsame Berührung des Mundes.

Ja, es begann sich in mir zusammenzuscharren,
Wimper für Wimper und Zelle für Zelle,
damit ich es ein für alle Mal verstehe,
dass sie ein anderes *Wesen* sei; ein Lebewesen,
dass jenseits meines Körpers, meiner Gedanken existiert.
Ja, sie versuchte, alle fleischfressenden Küsse
zurückzunehmen damit ich verstehe, dass zwischen uns
die Klinge des Schicksals jederzeit ziehen kann, so wie
das Messer durch das Fruchtfleisch des Apfels geht.

Nimm die Hand und die Berührung des Mundes zurück!
Nimm auch den Herzschlag, wenn kannst. Sie sind deine.
Den Herzschlag, den ich kaum im Zaum halten kann,
wenn deine Schenkel zwischen den Laken sich winden.
Nimm den Herzschlag, der mich immer
verraten hat wohin ich ging.
Nimm auch deine fleischfressenden Schenkel mit.

Nimm die Veilchen der ersten Berührung, ist deine!
Hast sie vergessen, als in meine Arme gesprungen bist;

als aus dem Sarkophag der guten Manieren herauskamst
und bist mitten der Menge in meine Arme gesprungen.

Nimm die Veilchen der ersten Berührung, ist deine!
Ich versuche es aus mir herauszureißen. Aus meinen
Zellen und Vorstellungen, aus meinen Kirchen.
Ich versuche es aus herauszuholen, genau wie der Herr
versuchte er es noch mehr am sechsten Tag.
ich versuche es ein Pfeil aus mir herauszureißen
mit Zellen mit allem, mit Nerven mit allem.

Vielleicht die Schicksalsklinge wird zwischen uns ziehen,
vielleicht aber auch nicht.

Prachtstraße des Ruhms

Ich und meine Illusionen auf der Verzweiflung Avenue.
Mit so vielen Limousinen und Jeeps auf der Prachtstraße,
ein großes Wunder wäre, dich gesund zu erreichen,
wir, unsere Hände und Füße, die Seele und Illusionen,
die wir nur für dich am Leben geblieben sind.
Die wir nur für dich am Leben geblieben sind und die,
die wir dich anzünden werden, wenn wir dich erwischen!

Wir versuchen dich zu erreichen,
zwischen den Limousinen, die ihre Türen für dich öffnen
und warte darauf deinen Fuß auszustrecken;
dein langes und pfirsichartiges Bein zu herausstrecken,
dein zarter Schenkel das die Macht der Pferde
auf die Straße wiedergewinnen wird,
um der *Poesie* entgegenzutreten.
Um die Verbannte und Fastende Poesie zu entgegnen,
die fleischfressende Poesie zwischen den Schenkeln.
Das sich ringelnde Gedicht, schreiend in Hexametern,
auf Couches. So wirst du endlich etwas Komfort finden
im Vergleich zu Schlafsaalbetten,
die weit unter deine Talente liegen.
Du hast jedes Recht auf ein Hotel auf Rädern, auf eine
intime Atmosphäre mit CD-Player und Klimaanlage,
damit das Biest unter dem Gürtel nicht mehr an der
Leine gehalten wird, sondern starten soll in Schnelle.

Siehe das Gedicht auf der Prachtstraße des Ruhms.
Siehe die fleischfressende Frau, noch unschlüssig
zwischen den offenen Limousinen Türen!

Hab keine Sorgen, meine Chrysantheme – das Kreischen
auf der Sitzbank und das Brüllen in Hexametern
bleibt geheim! Nichts, aber absolut nichts
von dem was auf den Couches des Jeeps passiert
wird nicht veröffentlicht. Du weißt allzu gut,
dass die fest verschlossenen Türen und schwarzen
Fenster des Jeeps haben immer deinen Ruf gerettet.
Den Ruf unter dem Gürtel. Sondierung unter dem Gurt.

Allemal hast jedes Recht auf ein Hotel auf Rädern,
mit ein wenig Respekt 4x4 und mit Klimaanlage!
Mach dir keine Sorgen, meine Schlaflosigkeit,
der Phallus im Ministerium wird sich um dich kümmern
auch dieses Mal. Er hat bereits einen Tisch im Restaurant
reserviert für deine grünen Augen. Ein Tisch voller
Fischrogen, damit du deine Unschuld in
der Öffentlichkeit zur Schau stellen kannst,
Meine Chrysantheme, und nach Herzenslust flattere
deine blonden Zöpfchen über die schwarzen Rogen.
Er hat schon einen Tisch voller Kaviar für dich reserviert,
und dies als Eröffnung für zukünftige Expeditionen
unter dem Gürtel. Für künftige Safaris unter dem Gürtel.

Ich versuche zwischen die Limousinen zu dir zu gelangen.
Unter der Flüche Hagel der Limousinen versuche ich Zu
deinem 4x4-Lächeln zu gelangen... Zu deinen Beinen und
Brüste, die meine bisherigen Verirrungen durch
die Wildnis beenden werden.
Und daraus werde ich das goldene Kalb gießen.
Ich habe überhaupt keinen Zweifel daran,
dass deine Beine einen neuen Zweck meiner

schriftgemäße Revolution erfüllen werden.
Ich habe keinen Zweifel, dass meine fleischfressenden Manuskripte werden in das kollektive Gedächtnis eindringen, das Unterbewusstsein der Massen.
Wie der Sex und die Diktatur meine Manuskripte werden im Unterbewusstsein der Massen, im kollektiven Gedächtnis Eingang eindringen.
Meine Chrysantheme. Meine Königin!

Jetzt, da Gott schläft...

Jetzt, da Gott schläft, kannst du dich zeigen.
Mit all den Spatzen, mit all den Sternschnuppen.

Und kannst ein Triumph in einem Land, das
wir wissentlich verloren habe sein.

Und wenn du meinen Garten kommst,
im Land der roten Äpfel,
vor lauter Aufregungen, funkelt der Stein,
die Nacht schlägt den Stern.
Dein Lachen zerstreut die Entfernungen
zwischen mir und dem Rock was du trägst.
Auch wenn ich blind wäre – ich werde dich
mit meinen Händen lesen!
Wenn du weggehst – mit dem Vers werde dich sehen!

Wie ein Würfel werde ich mein Leben zu dir hinwerfen,
überzeugt, dass nur deine Brüste im Universum
Ordnung machen werden.

Jetzt, da Gott schläft, kannst du dich zeigen.

Umarmung

Deine Umarmung zerstört immer den Turm
in dem ich versuch mich zurückzuziehen.
Und die schwarze Rose, die Nacht die jetzt beginnt.

Die Umarmung erwürgt meine dunklen Tage
und warf sie vom Turm. Wie kann ich es aufhalten?
Wie kann ich die Flamme die du letzte Nacht
vergessen hast begraben? Die Flamme die meine
Gedanken bis zum ersten Tag entzündeten.
Und, die kurz davor mein Zimmer fast in Brand setzte.

Die Umarmung lacht im Glockenturm,
meine Geliebte ist Glockenschlag.

Gewiss, auf deinem nackten Körper
verwechsle ich immer die Verse der *Heiligen Schrift*.
Auf deinem nackten Körper verwechsele ich
das erste Licht mit der letzten Dunkelheit,
die *Entstehung* mit der *Apokalypse*.

Deine Umarmung zerstört immer den Turm
in dem ich versuch mich zurückzuziehen.
Und die schwarze Rose, die Nacht die jetzt beginnt.

Guten Morgen, Frau

Guten Morgen, Frau.
Ich weiß, dass du hinter dem Fenster bist,
wie eine Königin unter den kleinen Dingen des Tages;
wie eine Königin zwischen deinen fraulichen Träumen
der nie geschafft hat, die Tür der Kindheit abzuschließen.
Gewiss, du trägst immer noch Kirschen an den Ohren,
triffst dich immer noch heimlich mit dem Mädchen
mit langen Zöpfen auf dem Schwarzweißfoto,
die verwaltet deinen Depressionen so gut,
abends, wenn alle tagsüber Pläne geschmiedet sind
fallen angeschlagen auf die Bettkante,
wenn dein Vertrauen in den Anderen nachhause
kommt mit eingeschlagenem Schädel.
Es ist mir bewusst, dass dein Herz größer als
die Welt ist und, dass es wie ein Kehrblech
die ganze Misere des Tages aufsammelt;
Mieseren die wir abends recyceln, damit du sauber
und selbstbewusst in den neuen Tag startest.

Guten Morgen, Frau.
Ich weiß, dass du hinter dem Fenster bist,
Wildrosen aus meinen letzten Briefen pflückend.
Sicher wirst du mir noch einmal sagen,
dass die Rosen für anders jemand waren
obwohl ich sie an die Adresse deiner Stimme
und deiner Hände geschickt habe.
Sicher wirst du mir noch einmal sagen,
dass ich mit einer fremden Frau schlafe,

obwohl ich die Sterne einer anderen Einsamkeit zähle.
In des Drachens Mund zähle ich die Sterne
einer anderen Einsamkeit.

Guten Morgen, Frau.
Ich weiß, dass du hinter dem Rock steckst,
blendend das Licht, das unter deine Bluse schleicht.

das geblendete Licht, starrt dich an.
Ich weiß, dass du erblüht hinter dem Rock wartest
und mit kaum aufkeimenden Brüsten.

Ich weiß, dass du darauf wartest, dass ich dich
aus der Corona des Rockes heraushole
und dass ich dich, beim Mal, in meinem Fleisch träume.
Ich weiß, dass du mit der Weltentstehung zwischen
deinen Schenkeln auf mich wartest.

Deine Brüste haben mich schon zu Boden geworfen.

Ich warte auf dich in meinem Fleisch, Frau.
Kannst direkt eintreten, ohne anzuklopfen.
Ich warte auf dich in meinem Fleisch,
als ob du nicht ein Leben lang hier wohnen würdest.

Fleischfressendes Gedicht

Deine Brüste platzen aus der Haut.
Sie gingen heraus um frische Luft zu schnappen.
Sie spazieren allein über den Boulevard.

Hast Platz nur durch die Herzen der Limousinen.
Und du lässt mich am blassen deiner Füße warten,
weil ich nicht kann, die Nacht mit Kaviar zu eröffnen
und mit französischem Champagner.

Gewiss sind deine Beine so gut an der Börse bewertet,
dass sich die Limousinen Türen auf dem Boulevard
selbst von öffnen und öffnest dich schnell
versteckt hinter den schwarzen Fenstern.

Du hast schnell erlernt die Kunst der Couchwidmung.
Und auf das Büro des Ministerium Phallus. Du tatst
all dein fleischfressenden Gedichte auf den Tisch.
Und wusstest immer, wenn du empfangen sollst
in der Gilde der Codeknacker.
Du, der du alle Deviseninhaber mit Sekt bewirtest!
Du, die einzige Metapher zwischen den Müllreste,
unter dem Dreck kulturellen Jägern absoluten Trinkern.

Heute das Gedicht wird auf den Sofas geschrieben.
Ich habe keinen Zweifel, dass die Lolitas allerorts
bald werden sie das Antlitz der Literatur verwandeln.
Im Rumänien die fleischfressende Poesie schlug ein.
Ja, die Poesie des neuen Jahrtausends
wird Östrogen sein oder gar nicht!

Die Versuchung

Gott! Was hast du gemacht, Gott?
Hast nicht vielleicht du sie mir geschickt,
die Frau, jene Versuchung
die meine Tage aufwühlte?
Die durch meine Gedanken herumwühlt
und plünderst mir die Träume?

Hast du sie mir vielleicht geschickt
diese Frau die meine Tage zermahlt?
jene die in der Mühle ihren erledigten Körper
zermahlt nach und nach meine Tage?

Beängstigt ist meine Seele in der Höhe des Abends,
beängstigt vor der herumwälzenden, nackten Frau,
in meinen Augen.
Die Unruhe und die Unrast ihren Armen heizt mir ein.
Die Unruhe und die Unrast sind mein Heim geworden.

Herr, nimm du die Welt aus meinen Händen,
für einen Augenblick und siehe, was du tust.
Lass mich alleine. Ich muss Lieben!

Unantastbar

Sie hat mich nie gekullert durch
den Orangengarten ihres Körpers.

Sie ist eine unantastbare Frau.
Sie rinnt mir durch die Finger wie Sand.

Meine Freude bewegt sich in Lumpen fort.

Und doch sie ist die Frau aus der ich Wasser trinke.
Die Frau in der ich mein Alleinsein ertränken werde.

Ich berühre längst den Boden nicht mehr,
wenn ich gehe – ich trete auf die fliegenden Vögel...

Die unantastbare Frau, die geheime Frau,
ich werde ich diese Nacht in die Löwengrube werfen!
Ich dieser Nacht werde ich dich öffnen!

Begegnung

Du stütztest dich an deine eigene Schönheit
wie ein Steinadler.

Ich kam voller Erde,
Gräser und Dornen,
mit einem Vogelschwarm auf den Schultern.
Mit einer Spatzenwolke,
die mit allen quatschte.

Ich kam voller Pollen auf der suchte nach Bienenwaben.

Ich blickte dich aus allen vier Jahreszeiten
so, als jemand sein eigenes Kreuz betrachtete.

Oh, Traumlos fielen die Früchte des Baumes.

Ich lebe in einer Lilie (1)

Zu dir führen mehrere Wege:
die langen und zitronenfarbene Finger,
die Brüste kaum aus dem Schlaf erwachten. Die Laken
die du die ganze Nacht aufgewühlt hast.

Ich lebe in einer Lilie und du bist jene Lilie.

Meine Zellen umarmen dich mit tausend Armen.

Nach jungem Fleisch ist mein Hunger,
meine Umarmungen sind Fleischfresser!

Seitdem ich dich in die Arme nahm, denke wie die Lilien.

Gott, ein Lichtstrahl fiel mir aufs Bett!

Ich weiß nicht, ob ich von dieser Umarmung loskomme.
Von der Lilie, die mich mit tausend Arme in Armen hält.

Ich lebe in einer Lilie und du bist jene Lilie.

Der feinfühlige Mensch

Ich warte im Septemberslum auf dich.

Ich ziehe immer noch hinter mir die Mauer der Kindheit
mit dem Abbild deines Antlitzes belagert von Grün,
wie ein verlassenes Königreich.
Ich trage immer noch die Nester in mir.

Ich bin ein empfindlicher Mensch.
Wenn du verletzt bist – deine Wunden schmerzen mich;
Wenn dir kalt ist, ich zittere.

Ich warte im Septemberslum auf dich.
Ich trinke Wasser um deinen Durst zu stillen.

Du belüftest meine Tage, wenn mir die Luft ausgeht.
Du, herumgewälzt in die Laken meiner Einsamkeit,
durch die Steppe des Alleinseins.

Du bringst so viel Ungestüm mit
als ob der Wald in mein Haus eingedrungen wäre.

Die Kirschblüte

Mein Geliebte ist eine Kirschblüte.

Sie klatscht die Hände in eine Metapher,
lauft barfuß in einem Vers.

Unantastbar und endlos in ihrer Schönheit!

Ich, der Kirschblütenkavalier,
bewache ihre Blütenblätter,
ihr Wunder trinke bis zum letzten Tropfen aus.

Und sie entfaltet ihre Blüten in meinen Nächten.

Sie lauft barfuß in einem Vers,
klatscht die Hände in eine Metapher.

Unantastbar und endlos in ihrer Schönheit!

Weltende

Die Dunkelheit beobachtet mich.
Es könnte jener mit sieben Köpfen sein, der Drache.
Ich habe keine Furcht.
Seitdem die langen pfirsichfarbenen Beine
an mir vorbeigingen, ich habe keine Furcht.
Keine Furcht Seitdem sie vorbeigingen
kreuz und quer durch meine Einsamkeit.
Ja, deine Füße schritten durch meine Einsamkeit,
so wie die mazedonischen Soldaten durchs Reich zogen.

Die Dunkelheit beobachtet mich.
Es könnte der mit sieben Köpfen sein, der Drache.
Ich habe keine Angst. Die Frau mit nackten Schultern
wird er mich aus dem Labyrinth herausholen.
Ihre Arme sind der Weg nach Hause.

Die Dunkelheit beobachtet mich,
sie kann kaum erwarten, das Weltende auszurichten.
Ich habe keine Furcht. – Das Frauenkind
wird mich aus dem Labyrinth herausholen.

der Weltuntergang ist auch dieses Mal verpasst.

Die Dunkelheit kann mir nichts mehr wegnehmen.

Geheime Früchte

spärlich bekleidet,
nur in einer Metapher,
meine Geliebte durchquert die Straße.

In einer Metapher so an dem Körper klebend,
dass man die Himbeeren ihrer Brüste zu sehen sind.

Eine Frau überquert die Straße geradlinig zu mir.
Ein Gedicht bleibt direkt in meinem Herzen stehen!

Diesen Abend, statt Kaffee,
werde geheime Früchte kosten.

Ich werde die Himbeere stürmen.

Ich werde die Himbeere mit Strauch mit allem essen,
auch mit dem Wald und allem!

Das Haus in der ich liebte

Das Haus in der ich liebte, ist leer.

Die Dinge, die übrig bleiben
sind im gestrigen Grab eingesperrt.

Im Sessel und Bett - das Spinnennetz der Einsamkeit.
Keine Seele spukt im Zimmer, kein Scheinbild!
Obwohl du hier für mich gelacht, geweint hast.
Da ist niemand. Obwohl diese Truhe voller Dunkelheit
öffnet plötzlich ihre Türen! Und die Rose,
bis jetzt in Purpur schlafend, sich in der Vase windet,
schüttelt die Schläfe von Strahlen.
Was könnte sonst sie mir noch sagen?

Sicher kann ich nicht länger hierbleiben.
werde die Rollläden zuziehen und die Tür schließen,
um des Hauses Wesen nicht meinen Fußstapfen folgen!
Damit das Haus, wo ich liebte, mich nicht verfolgt,
dieses Haus, das so dasteht, Kopfüber neigt sich
mich ansehend, wenn ich gehe, während mich entferne
und lasse sie mit ihren Trugbildern und Geistern allein,
in einer größeren Einsamkeit als die Welt ist.

Schmetterling

Versteckt unter der Nachtdecke,
die Seele hetzt auf der Straße.
Vielleicht trifft sich mit deinen Händen.
Mit deinen Händen kaum aus dem Dunkel entkommen.

Sicher werden die Ameisen es noch einmal versuchen
mich auf ihren unbefestigten Wegen zu locken.

Ich höre nicht auf die Wesen, die aus der Erde kommen!
Das Einzige wesen das mir im Weg steht,
ist dein Lächeln, der Schmetterling.

Ja, die Schmetterlingsfrau breitet Feuer in meinen Laken
so wie Gott in die Luft ausstreckt seine Himmel.

Verliebt, singe ich in den Nestern mit den Spatzen.
Und schleiche in deinem Bett mit den Grillengesang.

Verliebt wie ich bin, zittere ich in den Blättern,
in diesen Baumsilben. Des Grüns.

Siehe mein Leben in Silben, von niemandem gelesen.
Das Leben, dass die Epoche schließen möchte.

Nimm mich in deine Arme, Frau, worauf wartest du?

Die Liebe geht ins Museum

Obwohl sie die Wüste barfuß durchquerte
die Liebe wird ins Museum gehen.

Sie wird unter Glas gelegt.
Sie wird in ihrer natürlichen Umgebung gepflanzt,
unter Dinosauriern und Diplodocus,
damit jeder über Jahrhunderte hinaussehen kann
den Grashalm, der die Steine der Geschichte durchbrach,
unter Dinosauriern und Diplodocus.

Sie wird unter einen Glaswürfel gelegt
damit sie von jeden gesehen werden kann.
Sie hat keinen Kratzer, siehst du,
die Lebensader in ihrer Handfläche ist in Ferne verloren,
in ihrem Blick zittern immer noch die Kirschblüten.

Hier könnt ihr sehen das Lächeln in ihrer echten Form!
Und könnt den Herzschlag hören. Die Herzschläge
aus den Klauen der Geschichte ausgegraben. Gewiss,
die Wissenschaftler sind sich immer noch
nicht einig über die Herzschläge,
Sie haben noch keine Erklärung gefunden. Noch keine.

Muss ich noch sagen, dass auch bei ihrem letzten Besuch
unter Glas fanden den leeren Würfel gefunden?
Die Fußspuren im Gras des Würfels waren noch warm,
draußen spielten die Kirschbäume verrückt...

Einsamkeitsabhandlung

Ich habe kein Lebenszeichen mehr von dir.
Manchmal das Meer kommt zu mir –
und das Meer bist nicht du.
Manchmal kommt der Berg zu mir –
und der Berg bist nicht...

Ich habe die halbe Welt mit dir, meine Hoffnungen
sind Ruder im ausgetrockneten Fluss.

Ich habe kein Lebenszeichen mehr von dir.
Die Wiese hat keine Früchte, das Gewölbe hat kein Stern.
Ich schleppe Steine für andere Burgen –
und von den Steinen trocknen meine Hände aus.
Ich schleppe Speere für andere Kriege –
und jeder Speer spricht die Sprache vieler Tode.

Ich habe kein Lebenszeichen mehr von dir.
Alle meine Tage sind in einem Stein begraben,
ich bin der waagerechte Berg...

Der Einsamkeitsabhandlung ist fertig.
Wer es lesen möchte
öffne mich mit dem Schwert!

Sie glänzt

Sie glänzt und weiß nicht, dass sie glänzt.

Sie redet immer von was andrem,
aus ihr eigenen Licht zieht sich zurück.

Kannst sie nicht mit Augen aufhalten, nicht Himmel.
Die Schlinge der Hand ist zart, des Gedankens trocken.

Ich sah sie Sogar aus ihrem eigenen Körper ausgehen.
Sie beherbergte sich in meinem Herzen,
in der anhaltlose Pyramide.
Regungslos schläft sie hier in Erdbeben eingehüllt.
Sie schlaft zusammengekauert wie das Baby im Dunkeln.
Vergib mir, Herr, wegen diesen Gedanken:
ich werde die Nacht über sie ziehen
und werde durch ihren Körper schreiten.

Von soviel Umarmung die Steine werden Geist,
von soviel Strahl über das Sein
ich werde niemals Erde.

Nach der Einsamkeit

Nach der Einsamkeit kommt endlich eine Frau.
Das gefallene Blatt, der besiegte Arm werden überlegen.

Selbstverständlich kommt sie, die Königin,
in mir den Wald entzünden,
weckt die Löwen auf, die ich eingesperrt halte
aus Angst vor ihren Kräften.

Nach der Einsamkeit kommt endlich eine Frau.
Hier ist das Leben - sagte ich mir -
Draußen ist die Finsternis!

Sie zieht mich aus den Steinen heraus,
der Ozean schlägt mir in der Brust.

Dagegen verteidige ich mich durchaus
mit einem Erdschild, mit einem Grasschwert...

Der Lenz (1)

Der Lenz stürmt in die Welt hinein.
Mit dem Lärm der Kirschblüten,
mit blühenden Spatzen auf den Zweigen.

Der Kirschbaum wächst genau in meinen Armen
und die Spatzen, diese Posaunen des Herrn,
leben in mir wie einem Nest.
Sie fliegen frei durch meine Gedanken,
durch meine Schlösser.
Als Zeichen dafür, dass die Armee des Herrn
die Kreaturen der Dunkelheit besiegt hat!
Als Zeichen dafür, dass der Herr dem Tod
die Totenschädel der Finsternis gab,
sowohl das Tier wie auch seine Diener.

Bald werde ich das Heulen der Wölfe
in den Wald zurückbringen.
Und ich werde meine Geliebte durch die Nester kullern.
Die Geliebte: dieser Herzschlag!
Die ich in meiner Brust höre.
Ein Spatz im Dornengestrüpp der Einsamkeit.
Meine Frau aus Parma.

Sie gräbt aus der Asche meine Seele aus,
die nach der Apokalypse. Und spricht zu mir
nur durch Blütenblätter und Schmetterlinge,
durch Bienen und Spatzen.
Als Zeichen dafür, dass sein Werk vollendet ist,
dass die *Schöpfung* niedergeschrieben ist.

Lenz, natürlich, Lenz!
Die mit ihrem Blumenrausch dich
aus den Zellen der Nacht herausholt.
Meine Stimme die den ewigen Schlaf stört.
Die Stimme die ihr Jahrhundert sucht!

Die Schöpfung

Ein einziger Augenblick der Unaufmerksamkeit,
dass sie mir ist in mich hineingeplatzt!
Mit den Verwirrten Spatzen,
mit dem Wald und dem Rapsfeld.

Sie ist gerade jetzt in mich hineingeplatzt,
als ich beschloss, die Brücken der Welt abzutrennen
und ich auf eigene Faust leben soll.

Ein einziger Augenblick der Unaufmerksamkeit,
dass sie in mir knospt.
Mit Sturm mit allem, mit Himmel mit allem,
Sie knospt in mir.
Sie, die Irrende durch die Morgenlaken!

Ja, dieses Überbleibsel aus der Erschaffung der Welt
macht was es will auf den blühenden Apfelgärten.

Und das gerade jetzt als ich beschlossen hatte, die
Brücken der Welt abzutrennen, auf eigene Faust leben.

Sammeln Sie Ihre Beine von den Hauptsächlichen –
sagte ich ihr -, wo immer ich hingehen würde,
befruchte ich das Universum...

Rose

Herr!
Wende deine Augen zu mir
und sag mir, was soll ich tun.

Ich schneide ihr den Weg – sie sieht mich nicht einmal;
ich spreche zu ihr – und sie hört mich nicht einmal.

Was soll ich tun, Herr? Sag mir, was soll ich tun?

Ihr Abschied hinterließ einen Palast voller leerer Räume.
Ihr Weggang hinterließ in mir eine Rose
die, die Wüste erleuchtet.

Was soll ich tun, Herr? Sag mir was soll ich tun?

Das Gedicht

Reisender durch das schwarze Blut der Nacht.

Arm in Arm mit dieser schwarzen Frau: nachts.
Arm in Arm mit dieser schwarzen Frau,
auf den verlassenen Straßen.

Ein Liebesgedicht klopft so stark in meinen Venen,
das habe ich Angst, dass es auf der Straße wegläuft.

Ein lebhaftes Gedicht, mitten auf der Stadtstraße.
Wenn du es berührst, du Wandersmann,
wirst erfüllt von wilden Rosen sein
und wirst reden, wie die Propheten zuvor erzählt haben,
als der Geist Gottes über sie kam.

Meine Geliebte ist schon voller Milch.

Sie rennt durch die Straßen mit meiner Seele
in ihren Armen und vergiss, zurückzukommen...

Der Engel

Meine Geliebte hält in ihrer linken Hand einen Engel.
Sie läuft mit einem Engel, groß wie einer brennende
Kerze und teile die Dunkelheit.

- Siehe den Engel! Sagt sie den Vorbeigehenden,
sieht, hier ist der Engel!
- Wir wissen – antworten sie, er ist ein Porzellanengel.

- Keineswegs! Dies ist ein echter Engel!
Schaut ihn an wie glänzend es ist.
Schaut ihn sich jetzt an, denn jederzeit
kann er unsichtbar werden.
- Wir wissen - sagen sie. Es ist ein Porzellanengel.

Meine Geliebte läuft mit einem Engel.
Er trennt mit seinem Lächeln das Wasser vom Land,
das Licht von der Dunkelheit.
Er tut dies alles nur für uns, die Blinden!

Meine Geliebte läuft mit einem Engel,
groß wie eine brennende Kerze
und teilt die Dunkelheit von der Dunkelheit.

Die Luft Frau

Sie begegnet dir mit dem Gras auf den Wiesen.
Mit den Spatzen, die auf dich zufliegen.
Mit dem Rauschen des Waldes.

Das Licht, das mir morgens die Augen wäscht,
schon seit gestern Abend schicke es
dich willkommen zu heißen.
Das Licht reinigt die Welt, durch die du gehst,
von Dunkelheit,
fegt den Pfad vom Schatten,
von diesen schwarz gekleideten alten Frauen,
die das Böse anziehen.

Die einzige Entfernung zwischen uns ist dein Körper,
Luft Frau, Flügelrauschen, Rauschen...

Ich umarme dich mit des Waldestosen;
mit dem Flug dieses Spatzen der sein Nest sucht.

Nachdem ich dich verjagt habe

Nachdem ich dich verjagt habe
jemand blieb in meinem Zimmer.
Ich könnte nicht sagen, wer es ist,
weil die Dinge die seitdem vorkommen
sie sind nicht in der vorgeschriebenen Ordnung.

Nachdem ich dich verjagt habe
eine seltsame Präsenz folgte mir durch das Zimmer.
Zuerst dachte ich, dass es sich versteckte
zwischen den verstreuten Büchern auf dem Tisch;
oder in der Zeder, den du kennst an die Wand gemalt.
Es ist niemand! Zweifellos habe ich mich geirrt -
sagte ich mir, aber gerade dann
das Buch, aus dem ich las, öffnete sich unberührt.
Gerade dann, die Zeder Blätter
begannen miteinander zu sprächen...

Nachdem ich dich verjagt habe
jemand blieb in meinem Zimmer
Jemand, der seitdem meine Bücher Seite für Seite liest
und spricht mit der blühenden Zeder an der Wand.

Ich gestehe, dass mich diese Präsenz beunruhigt noch,
will nicht weggehen. Und will mich nicht alleine lassen,
in die Nacht getaucht, und mit meinen Sorgen.

Auf eigener Faust

Verstritten mit der ganzen Welt!

Die Straßen der Nacht sind meine Festtage.

Ich lebe auf eigener Faust!

Sie wollten aus mir das Lied der Drossel entlocken.
Und den letzten Nerv, der mich wachhielt.
Die letzte Festlichkeit, mit Herzklopfen und allem.

Ich werde an dem Kirschbaum auf dich warten, Geliebte
etwas später, beim ohne einen Stern...

Noch ein weiteres Frühjahr ohne deine Hände
und alles geht den Bach herunter!

Jetzt kann ich den Duft des Gartens ruhig trinken,
mit einer einzigen Umarmung kann ich dich auslöschen!

Gebet

Du hast dich in Tinte eingemauert, Herr,
in den alten Tinten hast dich versteckt.
Das Buch, das ich schreibe, erfüllt sich mit Dir,
mein Leben – mein ganzes.

Ich weiß, als Versuchung eine Frau mir schickst!
Die Frau, die die Welt mit ihrem Lied einstürzt,
die die Sterne dreht und Wasser verwandelt in Quellen.

Herr! Nimm diese Versuchung von meiner Seele raus!
Und kehre die Einsamkeit zu mir zurück,
die mich durch die Wälder an der Hand nehmen wird.
Die Einsamkeit, die von nun an mein Heim sein wird.

Herr! kehre die Einsamkeit zu mir zurück,
diese Art zusammen zu sein im Grün des Waldes,
in dem Lied der Amsel...

Schwarze Rose

Sie ist sogar von ihrem eigenen Körper entblößt.

Eine Frau in der man Nacht für Nacht heruntersteigt.

Abend für Abend in den Tiefen der Nacht,
in die Tiefe dieser Rose.

In die Tiefe dieser Rose,
die dich in ihren Blütenblättern einschließt.

Selbstverständlich, ich spräche
aus der Umarmung der schwarzen Rose.

Welches Blütenblatt schrie, dass ich nicht wirklich bin?

Aus Schiffbrüchen

Ich bin allein am Traurigkeitstisch der und schreibe dir
mit der ganzen Nacht in mir.

Was ich in der Nacht graben werde ist dein Gesicht,
Im Wind, den ich erspähe - wird deine Stimme sein.

Von Schiffbrüchen habe ich nicht zu wem ich
zurückkehren kann,
das Meer zog aus mir seine Phantasmen zurück.

Ich bin allein am Traurigkeitstisch der und schreibe dir
mit einem Herzen voller Finsternis.

Und wie ich dir diesen Brief schreibe,
die Nacht strömt in den Raum, überflutet die Wände.
Und wie überfällt die Hände überflutet die Wände,
Ich kann nicht mehr die Finsternis aus dem Haus jagen,
so, als würde jemand seinem Tod begegnen,
Von Angesicht zu Angesicht mit sich selbst, geblieben...

Ja, Finsternis ist die Tinte, mit der ich dir
diesen Liebesbrief schreibe.

Der Rotwein

Das Neujahr kommt.
Wie es kommt, so fällt es über uns: Platte!

Aus der Platte des letzten Jahres habe ich mir
eine Frau geschnitzt.

Den ganzen Wald durchquerten wir zusammen.
Wir reisten durch das Lied der Amsel,
durch den Lärm der Spatzen.

Jetzt reise ich durch die Stille der Steppe,
Zerschneide die Venen der letzten Illusionen.

Das Neujahr kommt und wie ich das Rotweinglas erhebe,
es scheint mir aus ihrer Brust zu trinken,
gerade daraus, etwas dass dem Rotwein ähnelt...

Treue

Den ganzen Tag hast du mit dem Wind geliebt,
das Meer hielt dich in seinen Armen, Welle für Welle.
Und der Wind bin ich nicht, auch das Meer nicht...

Seele, warum hast du dir mich hingegeben?
Um zu sehen, wie sie mich mit dem Wind betrügt?
Mit dem Meer? Mit allen hier anwesenden,
heute und in aller Ewigkeit?

Ich blicke durch ein Fenster
durch das man nichts sieht,
ich blicke durch mein Leben.

Hast den ganzen Tag hast dich mit dem Wind geliebt,
das Meer hielt dich in seinen Armen, Welle für Welle.

Oh, nur mit der Finsternis
hast du dich nicht geliebt meine Geliebte!
Wenn dich die Düsterkeit nicht berührt hätte,
wenn es dich nur nicht berührt hätte!

Die Liebe

Ich, der ich im Garten der Prinzessin empfangen wurde,
was könnte ich über sie sagen?

Liebe lässt dich nicht im Dunkeln, streckt ihre Arme aus.
Sie schlägt dich nicht, sondern sie liebkost.

Ihre Quellen sind mir Flüsse, ihre Flüsse meine Meere.

Du irrst in fremden Ländern, sie bringt nach Hause.
Nach Hause, in ihren Armen kehrt sie dich zurück.
Denn das bedeutet, ihr Ungläubigen, *zu Hause*:
die Umarmung, die auf dich wartet.

Heute bin ich im Land der Aprikosenblüte König.
Heute bin ich deiner Umarmungen König.

Derjenige, der keine Liebe hat, der existiert nicht.
Er ist wie tot. Das Fehlen Liebe ist das erblickte Ende,
das Antlitz der Apokalypse.

Seitdem du fort bist...

Seitdem du fort bist,
die Spatzen flogen aus meinem Haus weg.
Der Bruder Wind ging durchgedreht durch die Welt,
die Grillen begannen die Wanderschaft.
Alle liefen aus meinem Haus weg,
ich blieb zurück ohne Heim.

Seitdem du fort bist,
meine Seele füllt die fehlenden Meere.

Verlassene Festung, ich bin geworden,
Ninive, wo die Schakale und die Hyänen jaulen.

Seitdem du fort bist, bin ich nur noch mit dir.

Die eingeschlafene Muse

Meine Geliebte schläft.
Ich schleiche mich in ihre Träume
meine Verzweiflungen entfesseln ihre Beine.

Ich wache früh mit ihren Brüsten in meinen Händen auf,
mit den unberührten von oben fallenden Äpfeln...

Meine Geliebte schläft.
Ich schleiche mich in ihre Träume
meine Verzweiflungen entfesseln ihre Beine.

Ich weiß nicht einmal ob ich in der Welt der Manen bin
oder sogar in ihren Armen.

Meine Geliebte schläft.
Sie kuschelt in ihrem Traum wie ein Fötus,
Sie gebärt mich im Schlaf.

Schrei

Weil die Wände des Hauses
zusammengebrochen sind vor so viel Einsamkeit,
weil ich den Wald durchquerte,
die Menge und das reisende Blatt suchen dich,
aber dich habe ich nicht gefunden,
weil Bruder Erde und Bruder Himmel
hatten mir nichts zu sagen,
und meine Schwester - Wasser -
weiß nichts mehr über dich
deswegen schlage ich mit den Fäusten
an dem geschlossenen Brett dieses Baumes:
soll sich öffnen! Soll sich öffnen,
weil ich allein in diesem Licht bin
und ich kann es nicht besiegen...

Antinomisch

Ich öffne deine Seele
und lese sie wie eine alte Chronik.

Wir sind so weit entfernt,
dass zwischen uns die Toten der Welt passen.
Wir sind uns so nah,
dass man nicht sagen kann, von wem die Sonne aufgeht.

Wer bist du mich vor Desaster zu retten? Wer bist du?

Sollst du die Rose sein
von dessen Licht ich ausgeblutet bin?

Nur die Todesangst warf mich in deine Arme.

Ich beginne mein Leben von Anfang an mit dir,
ich beginne den Tod von Anfang...

Die Fleischfressende

Dein Körper ist ein Tempel im Land der Barbaren.

Du bist in einer völlig unbekannten Sprache geschrieben,
ich kann dich kaum entziffern.

Von deinem Lächeln blieb mir nur noch die Axt übrig.
Die Axt, die jeden Morgen auf mich wartet,
beim Austreten aus dem Schlaf.

Unter der Schneide verbringe ich den Rest des Tages.

Gewiss, du verkaufst jede Nacht dein Garten.
Den fleischfressenden Garten.
Und das, während ich über die Sphäre spreche
wie über eine Umarmung!

Dein Körper ist ein Tempel im Land der Barbaren.

Ich werde dich erkennen, Herrin.

Ich werde dich mit den Zähnen zerfleischen!

Androgyne (1)

Deine Brüste durch das hohe Gras
des Augenblicks gewälzt:
manchmal ein Vorzimmer des Edens,
manchmal ein Vorzimmer des Todes.

Das göttliche Paar, das Androgyne, hat sich gelöst.

ein halber Mensch blieb ich in der halben Welt.

So vermisse ich mich in letzter Zeit.

Ab jetzt werde ich mein Grab auf dem Rücken tragen.

Manchmal sind deine Brüste ein Vorzimmer des Edens.
Anderes Mal – ein Vorzimmer des Todes.

Der Schrei

Mit deinen Händen beginnt der Morgen.

Siehe den Grund das Dunkel aus dem Fenster zu werfen.
Und mich mit Leib und Seele dem Spatzen
unter den Laken zu widmen.

Dein Klirren huscht durch den Schatten des Raums.

Ab jetzt wirst du dich in meinen Armen verlieren,
wie die Ferne unter den Pfoten herannahender Löwen.

Bis zu dem Würfelbaum gibt es einen Handschlag.
Bis zum Himmel – eine Umarmung.

Ab jetzt kann ich zum Fenster gehen und schreien:
der Tod existiert nicht mehr!

Die Freude

Das Frühjahr stürmt die Welt,
wie ein wildes Pferd auf der Wiese.

Ich warte auf dich in den Kirschblüten.

Ich warte auf dich im Zwitschern der Spatzen.

Die Freude bricht die Schlösser des Schweigens.

Die Freude: eine Spatzendynastie in der Luft.

Ich liebe dich von den Sohlen bis zu dem Stern.

Die Silberprinzessin

Vor Mitternacht: die Silberprinzessin,
die barfuß durch des Dunkelheitsherzen läuft.

Und mein Schrei die sie mit verbundenen Augen sucht.
Mal in das Liebeslied der Grillen,
mal durch das Licht das in den Glühwürmchen lahmt.

Aber sie ist im Land des Hickelkastens,
des Kindes auf einem Bein.

Man hört schon die Glocken läuten:
ihr gerolltes Lachen aus der Dunkelheit zu mir.

Sie ist die Silberprinzessin,
mein Licht mit dem Sprössling...

Verrücktheit

Sie warf sich nackt ins Mittagsgewässer.

Wenn ich es nicht schnell mit etwas zudecke,
sie wird wieder die Kraniche zurückkehren.

Schon hat der Glockenschlag hat den Verstand verloren,
und der Baum traute seine ersten Schritte
in Richtung Liebe zu machen.

Sie warf sich nackt ins Mittagsgewässer.

Wenn ich es nicht schnell anziehe,
sie wird mit ihrem braunen Körper alles verleiden,
so wie sie längst beim Babel Turm es getan hat.

Besser hätte sich der *Heilige Schrift* wenden.
Besser hätte sich der im *Hohelied Salomons* versteckt,
Vers für Vers; Finger für Finger, Traube für Traube...

Eingesperrt in der Kirsche

Eingesperrt in der Kirsche,
Nur die Blumen verraten dich.

Dein Körper ist eine heilige Schrift!

In wie vielen Leben werde ich dich bis zum Ende lesen?

Gib acht: in meiner Seele,
wie in den verlassenen Tempeln,
jemand der nicht existiert singt.

Unantastbare Frauen

Meine einzige Freude läuft in Lumpen herum.

Meine einzige Freude läuft in Lumpen herum,
verliebt wie ich in unmögliche Frauen bin,
unantastbare. in den Frauen aus denen
ich heimlich Wasser trinke...

So verliebt wie ich in diese Frau bin,
die mich nie durch den Orangenhain
ihres Körpers gekullert hat...
Verliebt wie ich in diese Frau bin
die ich zwischen den Fingern verliere, wie Sand...
In der Frau, wo meine Einsamkeit ertränken werde,
ein für alle Mal!
In der Frau aus der ich heimlich Wasser trinke...

Und wie ich von ihrem Mittag abbreche,
berühre ich den Boden schon lange nicht mehr,
wenn ich Gehen trete ich auf die fliegenden Vögel.

Unantastbare Frau, geheime Frau,
diese Nacht werfe ich dich in die Höhle der Löwen!
Diese Nacht werde ich dich öffnen!

Prinzessin

Heute fiel mir die Prinzessin in die Arme.
Meine Gymnasiumprinzessin.

Heute vermenge ich mich mit dir.
Meine Hände sind deine Hände.
Meine Kindheit voller Kirschaugen
steckt dir Kirschen an den Ohren.

Wir leben in einer Kirschblüte, in einer Umarmung.

Ich bin ein empfindsamer Mensch:
deine Wunden tun mir weh,
wenn du frierst, zittere ich.

Ich bin ein empfindsamer Mensch:
du gibst mir Sauerstoff, wenn ich keine Luft kriege,
dein Nest ist in meinen Armen.

Herr, klopfe nicht an meine Tür, denn gerade jetzt
sie ist in meine Laken, durch das Einöd der Einsamkeit!
Weil wir gerade jetzt tun was wie wollen
in den frischen Laken des Morgens.

Der Ozean

Schattenvölker
werden bald unser Schweigen durchqueren,
wenn wir sowieso Gefangene dieses Abendrots blieben,
der uns in das letzte Gold ankleidet.

Nur die Dunkelheit nähern unsere Hände, unsere Körper.

Mein Eindringen in das unbekannte Gebiet
deiner Zerbrechlichkeit:
ein Erdteil der Schönheit wurde durchquert
von meinen Gedanken und Berührungen,
von der Expeditionstruppe der Zehntausend, Anabasis.

Noch ein Tag, an dem ich das Meer umarme...

Im Elendsviertel der Engel

Ich warte noch immer auf dich,
ich halte noch immer stand der Dunkelheit
mit bloßen Händen.

Ich kämpfe noch immer mit den Dunkelheitsdrachen.

Der Krähenschwarm der über uns hinweg fliegt
trägt die Nacht aus der Stadt hinaus.

Letztendlich,
der Morgen stürmt in dem Elendsviertel
und nimmt mich an der Hand auf den Straßen.

Wir sind im Messerviertel.
Unter den süßen Mädchen und Luxusautos
mancher Menschen die nicht luxuriös sind.

Und morgens macht er Scherze
mit der Arbeitskleidung die von der Arbeit heimgehen.

Das Liebeslied der Spatzen
wird auf der Straße hinaus gebrüllt.

Als es ob ein Demos der entfesselten Liebe wäre.
Für geflügelte Liebe.

Aber du, wo verkaufst du noch dein Wunder, die Würfel
deiner Schönheit durch welche Laken sich noch wälzt?

Gegen die Finsternis

Sie kommt sehr selten bei mir vorbei.
Das hält mich nicht ab, das Zimmer mit ihr zu teilen,
das ganze Licht und die ganze Dunkelheit.

Sie ist die Rose auf meinem Tisch.
Sie schreibt Blütenblatt für Blütenblatt in mir.

Und ich blättere Blütenblatt für Blütenblatt,
mein Leben spielt sich zwischen den Seiten ab.

Selbstverständlich, jemand stellt mir Stolpersteine.
Die Stunden auf meiner Uhr wurden plötzlich flüssig,
ein endloses Meer in dem ich kaum noch rudere.

Ich bin mit der Finsternis in Zweikampf
mit der Finsternis die deine Lippen vor mir berührt.

Ich habe mit der Rose Glück: ein Leuchtturm
der mir den Weg zu dir zeigt.
Und die mir noch eine weitere Ewigkeitslehre gibt,
wie damals als du in meine Arme sprangst.

Sie kommt selten bei mir vorbei.
Das hält mich nicht ab, das Zimmer mit ihr zu teilen,
das ganze Licht und die ganze Dunkelheit.

Die blaue Umarmung

Sie umarmt mich mit all der Einsamkeit,
mit all dem Stern.

Sie vermischt andauernd das Licht mit der Dunkelheit,
die Träne mit dem Lächeln.

Zu ihren Händen was kann ich sagen?
Sie sind sogar die Psalmen der *Heiligen Schrift*.

Sie schleicht durch das Schlagen der Glockenturmuhr,
in meinen Liebesgedichten hinein.

Sie vermischt die roten Küsse mit den Rosenblättern.
Und die Umarmung mit den schnellen Abgängen.

Ich liebe dich von den Sohlen bis hin
zu den Sternen, sagte ich ihr,
für mich kommt das Licht nur von einer Seite.

Ab heute fing ich zu zählen an
alle Blüten deines Gangs hierher, sagte ich ihr,
gib acht, meine Umarmung ist blau!

Nuss

Ich warte auf dich in einer Nuss.

Die Hälfte meiner Einsamkeit ist dein.

Wenn du willst, kannst die Finsternis in Brand setzen.
du kannst sie mit deinem Körper in Brand setzen.

Ich warte auf dich in einer Nuss.
Deine Herzschläge hört man bereits in meiner Brust.

Teufelin!

Briefe aus der Kaserne

Anstelle des Engels...

Manchmal sie bleibt bei mir
anstelle des Engels der in mir haust.
Anstelle des Strahls.

Die Nackte Schultern versteckten sich bereits
in meine Hand.

Pass auf,
dass in mir verborgene Biest kann
von einem Augenblick zum anderen entfliehen.

Umarmung

Deine Umarmung ist die Umarmung des Meeres.
Siehe, ich habe eine salzige Haut und blaue Hände.

Das Löschen des Feuers

Afigerat todeuca ima sicaru:
diese sind alle Liebeworte
die du mir in jener Nacht sagtest...

Pfirsich

Ein im Dunkeln versteckter Pfirsich.

Ich hätte dich in einem Augenblick schälen können...

Die Welten

Ich stelle mir Welten vor, die sie mich nicht vorstellen,
in derselben Welt teilen wir uns zwei Welten.

Aber weil meine Traurigkeit mit deinen Tränen weint,
wer würde jetzt noch glauben,
dass wir in derselben Welt zwei Welten teilen?

Gedicht

Ein Ozean voller Liebe
in ein paar Worten...

Blitz

Ein gekränkter Engel.

Einsamkeit

Reisend durch den Himmel,
bin ich schon blau.

Die Dunkelheit (II)

Die Rose erwacht aus ihrem Purpur
und die Dunkelheit zieht sich zurück.

Sogar die Spatzen fliegen mit dem Zigeunerlager weg;
mit all den jungen Zigeunern beim Stehlen erwischt.

Wenn ich dich umarme werde ich voller Blütenblätter;
und mit all den jungen Zigeunern beim Stehlen erwischt.

Die Ferne entsteht nur, wenn ich dich berühre.
Und am Morgen macht er was er will unter den Laken.

Bange nicht!
Ab heute werden wir die Dunkelheit ruhig passieren.

Das Licht der Rose bezwingt den Berg.

Kein Zeichen von dir

Ich habe kein Zeichen mehr von dir -
das Feld hat keine Ernten mehr,
Das Gewölbe hat keinen Stern...

Ich mach mit der Brennen Ebene liebe,
aus der Tiefe - nur mit der Finsternis,
in der Weite bin ich der Falle Liebhaber...

Ich schleppe für andere Zweifel Steine -
und von den Steinen trocknen meine Hände aus,
Ich schleppe Speere für andere Kriege -
und jeder Speer spricht die Sprache mehreren Toten...

Ich habe kein Zeichen mehr von dir -
das Feld hat keine Ernten mehr,
Das Gewölbe hat keinen Stern,
Der Himmel entledigt sich meiner...

Anomalisa

Dein Körper lindert meinen letzten Augenblick!

Deine Liebkosung ist der Sand.
Ist der Staub der Toten
die durch meine Laken gingen.

Ein Schiff zum Höllenpfuhl ist dein Körper,
ein Wasser der Toten, auf dem ich treibe.

Noch ertränkter in der Menge deiner Siege, Anomalisa,
Die gefundene Antwort in den Sternen
hilft mir jetzt überhaupt nicht weiter.

Ich bin die Kugel aus deiner Rose geschossen.

Mein kleiner Sieg vergießt dein Blut auf dem Fußweg.

Die Umarmung ist ein Innerer Flug.
Doch der Flug gehört nur mir, Anomalisa.

Die Vorstellung

Ich schreibe dir noch immer Briefe,
meine Hände jagen immer noch durch die Luft zu dir.

Siehst du, ich ließ immer
die Vorstellung vorauslaufen,
dich vor mir in die Arme nehmen.

Kaum kann ich sie gelegentlich einholen,
wenn ich meine Worte und Rosen endlich finde
für die Briefe die ich dir in die Einöde schicke...

Ich schreibe dir noch immer Briefe,
meine Umarmung jagt immer noch durch die Luft zu dir.

Die Dämmerung

Die Elefanten, mit denen ich die Welt erobern wollte
sind in Flammen,
die Stunde in der ich mein Schwert erheben sollte
wurde auf einmal eine fließende Uhr...

Und die Augenblicke flossen auf den Stufen.

Nur die Prinzessin
geht gleichgültig an der Apokalypse vorbei.

Sie ist wie ein Papagei in allen Farben gekleidet,
ihr Blick schwebt in der Luft wie ein Regenbogen.

Sie begegnet mir immer mit ihrem Spatzengekreisch.
Mit dem Spatzengekreisch der schlüpft durch alle Ecken
und Winkel des Guts, durch die offenvergessene Seele.

- *Ich bin der Morgen*, sagte sie mir, springend
auf einem Bein über den Hickelkasten des Tages.

Pass auf, verpasst die Dämmerung nicht! Sagte sie mir...

Natürlich, unsere Herzschläge sind auf derselben Seite.

In meinem Herzen hat die Rose längst Feuer gefangen.

PRINZESSIN MIT SCHMETTERLING

Aus der dichten Finsternis...

Ich komme aus der dichten Finsternis der kalten Stille.

Vielleicht finde ich einen Platz hier am Grünteetisch.
Hier, auf der Mansarde voller Bücher,
zwischen deine Ängste und deiner Stille. Ein Platz
zwischen den Versen des Dichters,
der den Mond am Himmel anpfeift.

Das Tönen der Bambusglocke
ist deine Träne, die plötzlich hörbar wurde.

Mit meinem letzten Geld bezahlte ich des Spatzen
zwitschern am Fenster, um dich zum Lachen zu bringen.

Ja, die Umarmung wird dein Blick vom Boden heben.

Schon die Dinge, die du berührst, haben zu träumen
begonnen, der Tag hat bereits dein Antlitz genommen.

Vielleicht sagte ich es dir bis jetzt noch nicht,
aber mein Körper hat sich in einer Nacht verjüngt.

Ich bin die Kirschen, die du an deinen Ohren trägst.
Ich bin der Ring an deinem Finger.

Noch ein bisschen und ich werde die Stille brechen.
Noch ein bisschen und ich werde dich
zwischen den Laken in Brand setzen.

Die Liebe mit blauen Fingernägeln

Guten Morgen,
Meine Geliebte mit blauen Fingernägeln!

Komm in die Weinberge rennen!
Komm in den Himmel rennen!

Deine Kindheit nimmt mich an die Hand.

Siehe die Trauben! – Sind sie feiner als deine Trauben?
Siehe das grüne Gras! – Wird mit deinen Augen eifern?

Deine Kindheit hastet
zwischen den hohen Sonnenblumenstängeln.

Bald kann man nicht mehr wissen, welche du bist,
meine Geliebte mit blauen Fingernägeln!

Der Sommer wie ein Märchen

Der Sommer wie ein Märchen heißt Adnana.

Losgelöst von der Dunkelheit,
du schlüpfst zwischen der Uhrticken.

Mein Gedanke nimmt dich von weitem in die Arme.

Die Kirschen vom Tisch sind deine Brustwarzen
die meinen Mund suchen.

Du bist bloß unter dem blauen Hemd,
meine Umarmung vertreibt die Düsterkeit.

Deinen Herzschlag hört man bereits in meiner Brust.

Nistkasten

Dein Zwitschern hämmert morgens an mein Fenster.

Es vertreibt die Finsternis, die mich umhüllt.

Sichelt von der Wurzel das trübe Gras der Einsamkeit.

Deine Beine machten sich über die Bettlaken her,
sie sind bereits siegreich in den neuen Tag gestartet.

Ich denke ich wurde für dich geboren, Spatz!

Lass mich hier im Sternengarten mein Nest bauen!

Vergiss nicht: Ich bin ein zu liebender Mensch!

Für deine Umarmung blieb ich am Leben.

Für dich verzichte ich, mir die Tage zu nehmen!

Mansarde

Sie versteckte sich vor der Welt der Großstadt,
auf der Mansarde voller Bücher.
Ich stürmte eines Morgens
in ihrer Stille und ihr Versteck.
Ich stürmte mit all meine Waffen.

Ich ahnte nicht, dass sie schon auf mich wartet
hinter dem blauen Hemd
und mit kaum erwachten Brüsten.

Sie ist genauso wie sie es gesagt hat:
eine Träne aufgehalten aus dem Fall!

Ihr Haar hat ist Kupferfarbig.
Ihr Blick schleicht auf dem Boden.

Doch ich tat ihr Kirchen auf die Ohren!
Und letztendlich tanzen sah ich sie
auf dem offenen Feld meiner Wunder.

Letztendlich warf sie sich
von hinter dem Fächer auf mich.
In diesem Moment mischte ich mich mit ihren Händen,
mit den Kirschen und mit den Kindheitsängsten.

Meine Hände brennen auf die nackten Schultern,
die Mansarde kann jederzeit in Brand geraten...

- Alle Farben lieben dich schon, sagte ich ihr,
wissend, dass ich von nun an alle Kämpfe verliere.
Und wie ich im Lärm der Straße vom Himmel herabstieg,
schien mir den blauen Schmetterling des Abends sehen
der eben über die Stadt seine Flügel ausbreitete.

Doch sie ist eine Träne, sagte ich mir,
eine Träne die für mich aufgehört hat zu fallen...

Synchronisierung

Ich konnte nie im Einklang
mit der neuen Zeit sein;
mit der Modepoetik in oder mit Leprakranken
die auch dieses Jahr die Wahlen gewonnen haben.

Was mich anbetrifft,
denn manchmal betrifft mich auch etwas,
ich glaube, dass man mich synchronisiert
mit den Morgennebeln und dem Spatzenzwitschern;
mit den Kirschen aus dem Garten der Kindheit,
Adnana, dann wenn du mich berührst!

Eigentlich, wenn du mich berührst bin ich der Spatz.
Es sind die Kirschen aus dem Garten der Kindheit.
Dann, wenn du mich berührst!

Ich konnte nie im Einklang
mit der neuen Zeit sein.
Meine Frau aus Parma
lässt mein Herz höherschlagen
als die Modepoetik oder die Leprakranken
die auch dieses Jahr die Wahlen gewonnen haben.

Meine Frau aus Parma!

Ihre Träne verbrennt schon die Seite, die ich schreibe!

Mein Körper ist in Flammen!

Der Apfel

Sie ist schüchtern. Mit den Knöpfen an der Bluse
schließt alle ihre Gefühle bis zum Hals hinauf;
alle Herzschläge.

Sie ist geschlossen wie eine Burg, nur manchmal
strecken die Brüste ihre Köpfe aus dem Fenster heraus
um frische Luft zu schnappen.

Nur manchmal strecken ihre Köpfe aus dem heraus...
Und soviel, um es uns zu zeigen,
dass wir nicht im Garten des Herrn allein sind.

Noch wenig und ich beiße in den roten Apfel des Tages.

Wer wird dann sagen, dass wir allein im Paradies sind?

Das blaue Rock

Oktober klettert den Hügel zum Friedhof hinauf.
Zwischen den Kreuzen und die Quitten auf der Allee.
Ich irre im Mutterleib der Stille,
ich atme anstelle der verstorbenen.

Besser, dass deine Hände
in der eilenden Stadt geblieben sind.
Besser, dass das blaue Kleid
rennt durch die Straßen, den Abendrot zu bremsen.

Die Kreuze die mit mir den Hügel aufsteigen
kommen immer vor mir dort an.

Und die Melancholie schreibt unseren Namen in Stein.
Die Melancholie, die letztendlich
wird uns alle in ihr Buch schreiben.

Ich weiß, dass ein Kreuz alle Kreuze bedeutet.

Nur der blaue Rock ist nicht wie alle Röcke.
Nur deine Hände sind nicht alle Hände,
wie sie sich für immer mit den Psalmen
der *Heiligen Schrift* vermischten.

Oktober klettert den Hügel zum Friedhof hinauf.

Die Quitten die ich dir gesammelt habe
sind bereits die ersten erotischen Träume mit dir.

Der königliche Weg

Ihre kindlichen Hände
sammle für mich die ersten Sonnenstrahlen,
die verwirrten Morgenstrahlen.

Sie ist gerade aus der Einsamkeitsstadt entflohen,
aus der eisernen Umarmung der Einsamkeit.
Sie ist gerade aus der Einsamkeit, die ihr
jeden Tag Handschellen anlegt, entflohen.

Sie ist die Frau die mit den Walnussblättern spricht
und in ihrer Seele wachsen Schwalben.
Die Schwalben der Kindheit.

Ihr Lachen ist eine volltönende Armee,
die mich aus den Klauen der Finsternis rettet.
Aus den Klauen des finsteren Drachens.

Ihr Lachen öffnet in mir Fenster!

Gewiss, damals gab es noch mehr freudige Ereignisse.
Die Nacht lief immer vor uns
um uns die Paläste auf der Königsstraße zu öffnen.
Die Paläste aus den anderen Welten.
Obwohl ich deine Paläste suchte,
deine fest verschlossen Paläste,
aus Angst, um deine Einsamkeit nicht zu sehen.

Die fest verschlossen Paläste, aus Angst
deine Himbeerbrüste nicht gesehen zu werden.

Deine Himbeeren nicht gesehen werden, spät,
auf dem Königlichen weg, der lauernden Umarmung,
ich bin in deinen Händen ein Kind.
in meinen Nerven, bereit aufzuspringen.

Erfahre, dass ich jetzt nachts durch die Straßen laufe
auf der Königsstraße der gleichen Stadt,
um dein kindisches Lachen einzufangen.

Erfahre, dass ich jeden Tag dem Drachen der
zwischen uns kroch die Köpfe abschneide.

Erfahre, dass seitdem deine Paläste in mir wachsen.
Mit Schwalben und mit allem, mit Himbeeren und allem.

Die Zensur

Nachdem ich meinen Hunger stillen durfte,
der Heißhunger auf junges Fleisch, sagte zu mir:
- *Ich werde zum Priester gehen und ihm alles beichten...*
Gerade als ich begann langsam aufzustehen
zum Himmel im Hotelzimmer,
da sagte er mir: *Ich gehe zum Priester!*

Ab heute wird Gott zwischen uns sein – ich verstehe...
Er wird zwischen uns stehen und wird mir über
die Finger hauen, wenn ich meine Hand auf deine
Brüste oder zwischen deine Schenkel lege.
Er wird ein Auge auf mich haben, wenn ich durchdrehe
und über das Sonnenblumenfeld, dir nachjage.
Und die Sonnenblume wird sich aus den Armen befreien
und wird zu den Wegen des Herrn zurückkehren.

- *Ich bin beim Priester gewesen*, er sagte, *dass ab heute
darf ich nicht mehr nackt durch dich hindurchlaufen.*

So hat sich die Zensur in mir einquartiert!
Der Herr hat sich zwischen uns wie eine Mauer gestellt,
zwischen meinem Herzschlag und der Frau von Parma.
Wie eine Mauer gegen die Barbarenhorde.
Gerade als ich ein Palast aus deinen Berührungen baute.
Gerade als ich mir ein Nest in deine Schulter machte.

Du solltest dich lieber um deine eigenen
Angelegenheiten kümmern, Herr!

Und mir erlauben ihr Kirschen an ihren Ohren tun
und ein Nest in ihrer Schulter bauen.
Am liebsten heb die Zensur für einen Moment auf!

Blau

Niemals war ich so blau.

Noch nie hat der Blizzard in mir so getobt wie jetzt,
wenn du mich aus Versehen berührst.
Wenn du mich versehentlich auf der Mansarde,
die wir mit den Holzglocken im Fenster teilen, berührst.
und die Tauben, die kamen, aus deiner Hand zu fressen.

Ich bin ein getrübter Mensch, siehst,
in letzter Zeit begann ich in die Kirche zu gehen
um dich aus meiner Seele herauszuholen, Teufelin!
um dich aus meiner Seele herauszuholen so, als ob man
einen Nerv aus der Umarmung herausreißen würde.

Nutzlos! Du wirst hierbleiben
und ich werde versuchen die Düsterkeit zu verjagen,
den Drachen, der unter unseren Füßen kroch.

Niemals war ich so blau.

Halt mich in den Armen! – wenn du willst,
wir werde jetzt gleich auf die andere Seite gehen...

Mauer

Die Worte, die ich dir gab, berührten dich nicht.

Manche sagten mir, dass sie hätten sich in Luft aufgelöst,
andere, dass sie gegen dich krachten wie an eine Mauer.

Nicht mal die Rosen die ich aus dem
Drachengarten für Dich gestohlen habe
haben deine Arme nicht geöffnet.

Und trotzdem mein Herz
rennt nachts noch von zu Hause weg, um dich zu treffen.
Es weiß, dass es mit seinen Schlägen
die Mauer zwischen uns abreißen wird.

also mach dir keine großen Hoffnungen,
dass du auch dieser Nacht entkommen wirst.

In dieser Nacht werde ich dich öffnen!
Teufelin!

Unrast

Seitdem ich mich mit deinem
Quittenfarbenen Körper vermengt habe,
eine Flamme kroch unter mein Hemd.

Gelegentlich, wenn ich in einer Menschenmenge bin,
die Flamme zeigt ihr Antlitz.
- *Wieder hat er durchgedreht!* – sagt die Stimme hinter
mir, wahrscheinlich entschlossen, mich auf die soziale
Ebene zu zerren um die Dinge richtig machen.

Selbstverständlich, ich wusste nie
meine Herzschläge unterdrücken und habe
immer die Ordnung der festen Dinge gebrochen.
Sogar die Stille im Konzertsaal habe ich vertilgt
als ich deine grünen Augen zwischen As-dur und Fis sah.
Und ich nahm dich mit aus der Sinfoniepartitur heraus.

Ich wusste nie meine Verzweiflung zu zügeln
und ich rannte durch die Straßen mit deinen
Füßen in meinem Hirn.

Und wenn ich mich jetzt mit den Sternen zudröhne,
dass ist, weil ich darauf warte, dass du vorbeikommst
und mir ein Blich zuwerfen. Sollst vorbeikommen
mit grünen Grasaugen und kalte Hände.
Vorbeikommen; nachhause in meinem Herzen.

Prinzessin mit Schmetterling

Die Fliederblume
kam wieder bei mir vorbei.

Und ich teile das Zimmer mit ihr,
das Lächeln und die nackten Arme.

Für dich habe ich den Drachen gezähmt,
Milchprinzessin unter den Nachtleichnamen!

Ich habe letzte Nacht von dir geträumt
mit einem blauen Schmetterling in deine Hand.

Ich glaube, ich war jener Schmetterling.

Pass auf sollst ihn nicht zerdrücken!

Meine blaue Seele liegt in deinen Händen.

Kristalle

Gerade köpfte ich auf dem Marktplatz die Hoffnung,
als dein Klirren mich von der Straße abbrachte.

Dein Mund hat mir den Verstand geraubt.

Ein weiterer Tag deiner Launen gewidmet,
der Brüste, die du unter der Bluse zur Geltung bringst.

Ein weiterer Tag in dem ich die Kristalle einsammle
die dein Lachen auf die Straße streut.

Der Zug erreichte endgültig die Brust der Wiese,
jedoch ich riss mich auch jetzt nicht aus deinen Zellen,
von der Umarmung.

Wenn jemand in mich hineinschauen würde,
würde dich beim Zählen der Sterne sehen.

Siehe, mein Herz will nicht einen Punkt tun.

Die Flamme

Die Nacht liegend neben mir im Bett
ist der Beginn einer langen Irrung.

Meine Hände sind deine Hände
deine Wunden bluten in mir.

Meine Kindheit voller Kirschaugen
sie steck dir ans Ohr Kirschen.

Du hast lange Zitronenfarbenen Beine.

Herr, klopfe nicht an meine Tür
weil wir gerade jetzt herumalbern
zwischen den weißen Laken des Morgens.

Du bist eine Flamme.

Ich bin ein Feld ausgerottete Tiere.

Dröhnen

Manchmal denke ich, dass du das Spatz zwitschern bist.

Deine Stimme hört man in tausend Schnäbeln,
dein Herz schlägt in tausend Brüste.

Ich suche Samen um dich in der Nähe zu halten.
Um dich zwitschern im Dunkeln hören soll
und die Leichen des Tages. Um dich zwitschern zu hören.

Sieh dir die Fliederblume an die vom Himmel hängt!
Sieh dir das Walnussblatt an!

Leg deinen Kopf auf meine Brust. Hörst du das Tosen?

Die Weide

Das Roch auf den Teppich geworfen
und der blaue Lichtstrahl läuft nackt durch das Zimmer.

Prinzessin! Wie angenehm und rein ist dein Körper!
Wie ein Kind, das keine Ahnung von seinem Wunder hat.

Du verdrängst die Finsternis aus meinen Zellen;
aus den Manuskripten.

Gewiss, hätte ich dich nicht an diese Dinge erinnert,
wenn die Weide im Garten heute Morgen nicht
ins Haus stürmte, als ich das Fenster öffnete...
Wenn die Weide nicht über das Fenster gefallen wäre
mit ihren grünen Blättern, voller letzten Nacht Regen.

Ich weiß überhaupt nicht mehr, was ich denken soll
so wie du mich mit tausend Augen anschaust...
so wie du mich grün ansiehst mit tausend Augen.

Ab jetzt sitze ich bei offenem Fenster –
vielleicht tust noch einen Schritt nach innen.

Vielleicht eines Nachts,
wenn sich Dinge im Dunkeln verbergen
und das Wasser im Glas schläft,
da traust du dich und machst noch einen Schritt.

Vielleicht eines Nachts hältst du mich in deinen Armen.

Die Lesestunde

Die Lesestunde beginnt mit deinen Händen,
mit den Kirschen die du in deinen Ohren trägst.

Das Abc des Wunders beginnt mit dir.

Ich umarme dich von den Sohlen bis zu dem Stern,
die roten Äpfel sind schon angebissen.

Nie wusste ich woraus besteht Anmut,
obgleich sie mich so oft in ihren Armen nahm.

Ich baute mir ein Nest in dir.

Die *Schöpfung* und die *Apokalypse*
sind in deine Schenkel geschrieben.

Dein Mund wirft mich in das Mohnfeld.

Die blaue Frau

Sie ist ein Schmetterling.

Ihre Flügel schlagen in meiner Brust.

Ihre Träne geht durch mich hindurch
wie eine Gewehrkugel.

Sie ist die blaue Frau.

Sie ist mein Sieg mit einem Flügel.

Die Türkisfarbenen Traurigkeiten

Du bist ein Tanz auf meinem Sehnerv.
Auf dem von der türkisfarbenen
Traurigkeiten Nerv erkrankt.

In mich hat sich deine Seele eingeschlichen,
der Ozean wächst aus meiner Brust.

Du vermengst das Licht mit der Finsternis,
die Umarmung mit den raschen Abschieden.

Ich weiß, dass ich kämpfen werde
für deine fleischfressenden Schenkel,
für deine zitronenfarbene Beine.

Siehe, was mir hilft, meine Tage nicht zu beenden
auch nicht dieses Mal.

Gelenkt von deinem Herzschlag,
werde ich auch diesmal gut durch die Finsternis gehen!

Der Armenviertel der Engel

Ich baue mein Palast aus deinen Berührungen,
die roten Äpfel klopfen dir an Fenster.

Der Mond, der Verrückte, spielt auf deinen Brüsten.

Die Luft rebelliert in mir.

Die roten Äpfel der Umarmung
klopfe die ans Fenster.

Sei vorsichtig, wen du wählst –
die Engel sind in letzter Zeit es immer knapper!

Der monarchische Weg

Ich kehre in die Nacht jener Stadt zurück.
In dem Sommer jener Nacht.

Wir reisen auf dem monarchischen Weg
und steigen die Stufen, die wir noch nicht gestiegen sind.

Ich reise durch die Nacht der samtenen Füße
und auf Brüste verhärtet vor Angst.

Ich kehre in die Nacht jener Stadt zurück.

Vielleicht kommst du eines Tages auch vorbei.

Ich warte auf dich in einer Walnuss.

Androgyne (11)

Mit deiner Brust öffnet sich der Horizont.

Wo ich dich nicht sehe, verlängert sich die Wüste.

Feldes Duft
Windes Stimme zwischen den Gräsern!

In dieser Nacht
der Himmel teilt sich zwischen uns auf:
ein Stern für mich,
der ganzen Sternenhimmel für dich!

Bist meine sternenklare Nacht.

Geh nicht fort! – Dein Lächeln schirmt mich vor dem Tod.

In dieser Nacht
deine Hände sind meine Hände.

Geh nichtfort! – Das Licht, das zwischen uns sich webt
hat noch so vieles zu sagen...

Der bunte Rock

Der bunte Rock
trennt meinen Horizont in zwei.

Du bist die Heimat meiner Desaster,
der Groschen, den ich geheim halte
ist wegen der Räuber.

Ich habe dich in den Spatzen großgezogen,
was für ein bunter Rock!

Seitdem du die Heimkehr vergessen hast
meine Wiese ernährt sich nur von Knochen.

Seitdem du die Heimkehr vergessen hast
sind meine Hände Kathedralen der Abstinenz.

Ich hob dich zu den Spatzen,
bunter Rock das du bist!

Gossensprache

So alleine wie ich bin,
fing ich an nach dir mit
Gossensprache zu reden.

Hörst du mich?

Herbst

Geistloser Spaziergang durch die Straßen.
Unter dem apathischen Herbstlicht,
zwischen den gelben Blättern
vom Himmel auf dich gefallen.

Ein Kinderauflauf betritt das Museum
mit präparierten Vögeln,
zwei Mädchen Hand in Hand eilen schreiend.

Im Park die Alten spielen Schach.

Wo zum Teufel bist du?
Wo verkaufst du noch dein Wunder?
Und das Luftgeschöpf und die Haare
aus dem Rost des letzten Herbstes gestohlen?

Wo verkaufst du noch
deine langen pfirsichfarbenen Beine?
Und deine gesprächigen Spatzen unter der Bluse?

Wo zum Teufel bist du?
Kann ich dich noch hören? Kann ich dich noch sehen?
Kann ich dich noch schmecken?

Sähst, meine Seele, vor allem,
ist größer als diese Welt...
Nur du bist in einer Nacht,
die ihr Wunder verbirgt, geblieben.

Weg

Ich gehe auf einem Weg.
Die Vögel die ich treffe
sind immer wandernd,
die Frau die ich liebe
kichert in fremden Armen.

Ich gehe auf einem Weg
den ich nie gut kannte.
Ich verliere im Herbst alle meine Blätter,
ich verstreue mich in den Alleen.
Und meine Sorgen Spazieren im Park
Hand in Hand mit den jungen Liebenden.

Ich gehe auf einem Weg.

Selten, immer seltener, kommen Berichte vom Tag.
Selten, seltener wird das Dunkel an die Wand gestellt.

Ich gehe auf einem Weg.
Manchmal, das Blau läuft von mir zum Himmel,
manchmal meine Reisen sind flügellos.
Ich bin der Flügelmensch. Mit einem Flügel.
Das Licht durchflutet mich restlos.

Die Geburt

Das Elfenbein der Hände die mich berühren
wirft über mich
das Wertvollste.

Bei der Wabe deines Körpers
begrenze ich den Der Augenblick.

Ich bereise dich mit meinen Fingern,
mit dem Hunger des Handtieres.

In der Nacht von heute, mit dir heute,
beweine ich die Welt, die ich nicht sein kann,
die Welt die ich sein werde.

Gebärt meine Frau –
blüht,
in Stein...

Der blaue Flieder

Ich kam um den Flieder zu holen.
Den blauen Flieder aus deinen Brüsten.

Meine Gedanken sind
plötzlich blau geworden,
dein Herz schlägt in meiner Brust.

Ich bin eins mit dem Feuer,
mit jedem Herzschlag
bin ich dir näher!

Ich umarme dich unter dem Mond mit einem Flügel.

mit jedem Herzschlag
bin ich dir näher.

Mit jeder meiner Zelle.

dein Herz schlägt in meiner Brust.

Das Biest

Oh, wie bahnt mich der Anker der Stunde! Und Asche
in meinem Fleisch baut sich ihre Behausung.

Noch besser, komm – sage ich – während das Biest
Schnauft in der Nähe. Hörst du es? In seinem Mund
erwartet mich nur die Finsternis... Und die Entfernung,
von seinem Mund ist es nur ein Schritt zum Kindsein.

Verstehst mich? Oh, die Enden des Horizonts
sind zu weit weg, um ihnen das Maul zu stopfen.

Lebenslauf

Virgil Diaconu wurde am 28. November 1948 in Râmnicu Sărat geboren. Er besuchte die Militärschule für Offiziere in Sibiu/Hermanstadt (1969) und absolvierte die Technische Schule für Autodesigner Colibași, Pitesti (1974). Mitglied des Rumänischen Schriftstellerverbandes seit 1990. Es ist im Allgemeinen Schriftsteller Lexikon der rumänischen Literatur, herausgegeben von der Rumänischen Akademie in Bukarest, 2004.

In Pitești gründete er die Zeitschrift *Samisdat RA* (1981) und nach 1989 die Kulturzeitschrift *Solstitium* (Januar 1990), *Săgetătorul*, die wöchentliche Literaturbeilage der Tageszeitung *„Argeșul"* (Januar 1997), die Zeitschrift *Cafeneau literără* (Januar 1997 und 2003), herausgegeben vom *Kulturzentrum Pitești*, das er bis heute leitet. Er war Direktor der *Literarischen Gesellschaft*, der wöchentlichen Beilage der Zeitung *„Societatea Argeșeană"* (2004–2006).

Bücher. *Departele Epimenides*, Gedicht, Hrsg. Litera, 1980. *Reise zu sich selbst*, Gedicht, Hrsg. Albatros, 1989. *Oben Dunkelheit*, Gedichte, Parallel 45, 2001. *Opium*, Gedichte, Parallel 45, 2002. *Morgen des Herrn*, Gedichte, Parallel 45, 2004. *Freiheit und Schicksal*, philosophischer Aufsatz, Hrsg. M.L.R., Bukarest, 2005. *Erotische Tagebuch*, Gedichte, Hrsg. M.L.R., Bukarest, 2006. *Lepröse und Heilige*, Gedichte, Verlag der Zeitschrift „Convorbiri literare", Iași, 2007. *Das Schicksal der modernen Poesie*, Essays zur Ästhetik der Poesie, Hrsg. Brumar, Timișoara, 2008. *Secol*, Poesie Anthologie, Hrsg. Valman, Rm Sărat, 2011

Mahalaua ingerilor, Gedichtsammlung, Hrsg. Tipo Moldova, 2011 Limes, Cluj, 2012. Gedichte von Virgil Diaconu, übersetzt ins Englische von MTTLC Doktoranden, 2015, Translation Café, Ausgabe 137. *Postmoderne Poesie. Ancheta*, Hrsg. Feed Back, Iasi, 2015. Poezii de Virgil Diaconu/Gedichte von Virgil Diaconu, übersetzt ins Englische von MTTLC-Absolvent Eduard Simion, Translation Café, Ausgabe 165, Juli 2016. *Atelierul de fluturi, Parables,* Hrsg. Tiparg, 2016 *Eros und Leprokratie*, Poesie, Hrsg. Tipo Moldova, Iasi, 2017; *Das Buch der Engel, Schöpfungen der Kinder*, Sivia Neagoe und V.D. Koordinatoren, Hrsg. Tiparg, 2017. *Eros und Leprokratie*, Gedichte, Éditions Muse, Paris, 2017. eBook: Virgil Diaconu, *Eros und Leprokratie*, Gedichte, veröffentlicht auf YouTube von Contrast Center, Mai 2018 *Aus der Eisenstadt*, Gedichtsammlung, Hrsg . Tiparg, Pitești, 2018. *Literarische Bibel* (biblische Exegese), Hrsg. Tipo Moldova, Iași, 2020 *Rumänische kanonische Poesie*. Investigation, Hrsg. Contrast, Bukarest, 2020. *Literarische Bibel und dogmatische Bibel*, Mitteleuropa Club, Oravița, 2021. *Eminescus Poesie aus der Sicht heutiger Schriftsteller*. Umfrage, Mitteleuropa Club, Oravița, 2024.

Auszeichnungen. Der Preis „Poesiebuch des Jahres 2002", verliehen von der Pitești-Abteilung der UdSSR, für den Band Opium, Ed. Paralela 45, 2002. Der „Essay Award", verliehen vom Emia International Poetry Festival, Deva, 2005, und der „Preis für Essay", verliehen vom Nationalen Literaturfestival Sensul iubirii, Drobeta-Turnu Severin, 2006, für den philosophischen Essay „Freiheit und Schicksal", Hrsg. M.L.R., Bukarest, 2005. Der Preis „Poesiebuch des Jahres 2006", verliehen von der Pitesti-Abteilung der

UdSSR, 2007, der Gedichtband Jurnal Erotik, Hrsg. M.L.R., Bukarest, 2006. Die Auszeichnung „Cezar Ivănescu für den Autor des Jahres", verliehen von der Rumänischen Vereinigung für literarische Veröffentlichungen und Verlage (APLER).), Câmpina 2008, Gedichtband Lepre si sfinți, Verlagszeitschrift „Convorbiri literare", Iasi, 2007. „Sonderpreis für Essay", verliehen von der Pitești-Abteilung der UdSSR. und C.J.A., 2009, für den Essayband Destinul poeziei moderne, Ed. Brumar, Timișoara, 2008. Die Auszeichnung „Poesiebuch des Jahres 2016" für den Band „Butterfly Workshop", verliehen von der Pitești-Zweigstelle der USR. Der Internationale Preis für Poesie und der Titel eines Ritters des Kulturordens „Eminescu – 1868 – Oravița", verliehen vom Club MITTELEUROPA / WIEN, 2021, der Preis für den Band „Literarische Bibel", verliehen von der Pitești-Abteilung des Rumänischen Schriftstellerverbandes Union, im Jahr 2022.

Inhalt

Vorwort   7

Die Kirschen Lolita	11
Die heimliche Frau	12
Dienstagsdepression	14
Rückberufung	16
Prachtstraße des Ruhms	18
Jetzt, da Gott schläft…	21
Umarmung	22
Guten Morgen, Frau	23
Fleischfressendes Gedicht	25
Die Versuchung	26
Unantastbar	27
Begegnung	28
Ich lebe in einer Lilie (I)	29
Der feinfühlige Mensch	30
Die Kirschblüte	31
Weltende	32
Geheime Früchte	33
Das Haus in der ich liebte	34
Schmetterling	35
Die Liebe geht ins Museum	36
Einsamkeitsabhandlung	37
Sie glänzt	38
Nach der Einsamkeit	39
Der Lenz (I)	40
Die Schöpfung	42
Rose	43
Das Gedicht	44

Der Engel	45
Die Luft Frau	46
Nachdem ich dich verjagt habe	47
Auf eigener Faust	48
Gebet	49
Schwarze Rose	50
Aus Schiffbrüchen	51
Der Rotwein	52
Treue	53
Die Liebe	54
Seitdem du fort bist...	55
Die eingeschlafene Muse	56
Schrei	57
Antinomisch	58
Die Fleischfressende	59
Androgyne (I)	60
Der Schrei	61
Die Freude	62
Die Silberprinzessin	63
Verrücktheit	64
Eingesperrt in der Kirsche	65
Unantastbare Frauen	66
Prinzessin	67
Der Ozean	68
Im Elendsviertel der Engel	69
Gegen die Finsternis	70
Die blaue Umarmung	71
Nuss	72
Briefe aus der Kaserne	73
Die Dunkelheit (II)	75
Kein Zeichen von dir	76

Anomalisa 77
Die Vorstellung 78
Die Dämmerung 79

Prinzessin mit Schmetterling

Aus der dichten Finsternis... 83
Die Liebe mit blauen Fingernägeln 84
Der Sommer wie ein Märchen 85
Nistkasten 86
Mansarde 87
Synchronisierung 89
Der Apfel 90
Das blaue Rock 91
Der königliche Weg 92
Die Zensur 94
Blau 96
Mauer 97
Unrast 98
Prinzessin mit Schmetterling 99
Kristalle 100
Die Flamme 101
Dröhnen 102
Die Weide 103
Die Lesestunde 104
Die blaue Frau 105
Die Türkisfarbenen Traurigkeiten 106
Der Armenviertel der Engel 107
Der monarchische Weg 108
Androgyne (II) 109

Der bunte Rock	110
Gossensprache	111
Herbst	112
Weg	113
Die Geburt	114
Der blaue Flieder	115
Das Biest	116
Lebenslauf	117
Inhalt	121
Impressum	126

Virgil Diaconu
Die blaue Umarmung
Gedichte
Coverbild: **Sir Francis Bernard Dicksee** (1853-1928)
Romeo und Julia, Detail (Southhampton Art Gallery)
Herausgegeben und übersetzt von **Christian W. Schenk**
ISBN: 9798323060856
DIONYSOS – 2024 Boppard am Rhein
©Alle Rechte beim Verlag und den Autoren!

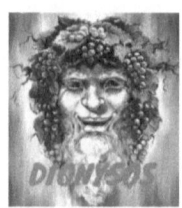

www.ingramcontent.com/pod-product-compliance
Lightning Source LLC
Chambersburg PA
CBHW031428210526
45464CB00005B/2100